**J. Haas & K. Stenzel**

# Kreuzworträtsel
# Französisch

1. Obstkuchen
2. Banane
3. Artischoke
4. Gemüse
5. (franz.) Weißbrot
6. Orange
7. Erdbeere
8. Karotte
9. Apfel
10. Lutscher
11. Zitrone
12. Birne
13. Tomate

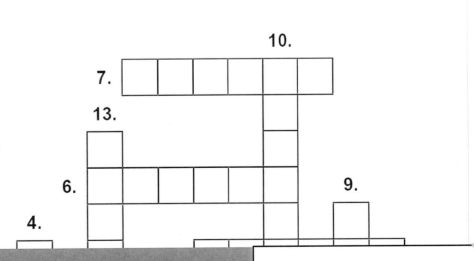

# Prüfung und Festigung
# des Grundwortschatzes
# im Fach Französisch

www.kohlverlag.de

# Kreuzworträtsel Französisch
## Prüfung und Festigung des Grundwortschatzes

6. Auflage 2024

© Kohl-Verlag, Kerpen 2014
Alle Rechte vorbehalten.

<u>Inhalt</u>: Joachim Haas & Klaus Stenzel
<u>Redaktionelle Überarbeitung</u>: Kohl-Redaktion
<u>Grafik & Satz</u>: Kohl-Verlag
<u>Druck</u>: Druckerei Flock, Köln

**Bestell-Nr. 11 628**

**ISBN: 978-3-95686-602-9**

## Unsere Lizenzmodelle

### Der vorliegende Band ist eine Print-<u>Einzellizen.</u>

Sie wollen unsere Kopiervorlagen auch digital nutzen? Kein Problem – fas das gesamte KOHL-Sortiment ist auch sofort als PDF-Download erhäl lich! Wir haben verschiedene Lizenzmodelle zur Auswahl:

| | Print-Version | PDF-Einzellizenz | PDF-Schullizenz | Kombipaket Print & PDF-Einzellizenz | Kombipaket Print & PDF-Schullizenz |
|---|---|---|---|---|---|
| Unbefristete Nutzung der Materialien | x | x | x | x | x |
| Vervielfältigung, Weitergabe und Einsatz der Materialien im eigenen Unterricht | x | x | x | x | x |
| Nutzung der Materialien durch alle Lehrkräfte des Kollegiums an der lizensierten Schule | | | x | | x |
| Einstellen des Materials im Intranet oder Schulserver der Institution | | | x | | x |

Die erweiterten Lizenzmodelle zu diesem Titel sind jederzeit im Online Shop unter www.kohlverlag.de erhältlich.

# Inhalt

|  |  | Seite |
|---|---|---|
| **Vorwort** | | 4 |
| **1** | dans la classe | 5 |
| **2** | les moyens de transport | 6 |
| **3** | les métiers | 7 |
| **4** | les personnes | 8 |
| **5** | les bâtiments | 9 |
| **6** | habiter | 10 |
| **7** | Qu´est-ce qu´on peut faire? | 11 |
| **8** | les jours de la semaine et les mois | 12 |
| **9** | jouer | 13 |
| **10** | la nourriture | 14 |
| **11** | mettre la table | 15 |
| **12** | le caractère/ le physique de quelqu´un | 16 |
| **13** | à la ferme | 17 |
| **14** | antonymes 1 | 18 |
| **15** | les vêtements | 19 |
| **16** | le travail | 20 |
| **17** | en vacances | 21 |
| **18** | antonymes 2 | 22 |
| **19** | expressions | 23 |
| **20** | le passé composé | 24 |
| **21** | les outils scolaires | 25 |
| **22** | les animaux | 26 |
| **23** | solutions | 27 - 32 |

Kreuzworträtsel Französisch
1. bis 2. Lernjahr  –  Bestell-Nr. 11 628

KOHL VERLAG

# Vorwort

**Liebe Kolleginnen und Kollegen,**

Wortschatzarbeit ist untrennbar mit Fremdsprachenunterricht verbunden. Mit Wortschatz – in Verbindung mit Gestik und Mimik – kann Kommunikation auch ohne „ausreichende" Beherrschung von Redemitteln, Grammatik und Zeitensystem ansatzweise gelingen. In einer der Progression verpflichteten Fremdsprachenvermittlung kann dies zwar nicht genügen, ist aber ein Anfang.

Für unseren schulischen Französischunterricht steht eine Vielzahl von Methoden und Übungsformen zur Verfügung, die die Vermittlung, Übung, Anwendung und Ausweitung von Wortschatz schülerfreundlich und motivierend gestalten lassen.

Kreuzworträtsel sind eine Form, die den Schülern auch aus anderen Fachbereichen geläufig ist, und eine großartige Erklärung vorab nicht notwendig macht.

Wortfamilien, Wortfelder und Wortgruppen werden auf diese Weise geübt, wiederholt, umgewälzt, angewendet, aufgefrischt und – erweitert.

Durch das angebotene System der Selbstkontrolle (Lösungen auf die Rückseite kopieren) kann auch ein neuer Wortschatz, der über das verwendete Lehrwerk hinausgeht, vermittelt werden. Dies ist ganz natürlich, denn Schülerinnen und Schüler verlangen oft nach einem spezifischen, individuellen Wortschatz, den sie sich auch selbst über das Lehrwerk hinaus aneignen.

Die in diesem Werk angebotenen Kreuzworträtsel können somit ganz frei oder lehrwerksbegleitend eingesetzt werden:

- unitbegleitend
- unitunabhängig
- als Hausaufgabe
- als vorbereitende Hausaufgabe
- in der Freiarbeit
- als Bestandteil der Lerntheke
- als Bestandteil eines Lernzirkels

Kleine individuell ergänzte Zusatzübungen zu den Rätseln ermöglichen eine erste Umsetzung und Anwendung des verwendeten Wortschatzes.

Lassen Sie sich also von Anfang an auf die Arbeit mit unseren Kreuzworträtseln für den Französischunterricht ein.

Viel Spaß und Erfolg wünscht Ihnen dabei das Kohl-Verlagsteam.

Kreuzworträtsel Französisch   1. bis 2. Lernjahr   –   Bestell-Nr 11 628

KOHL VERLAG

# 1 dans la classe

1. Après l´école on fait les...
2. Une matière à l´école.
3. Les élèves ne les aiment pas.
4. Une personne qui travaille à l´école.
5. Une personne qui va au collège.
6. A 10 heures 10, les élèves vont dans la cour. C`est la ...
7. Un ami.
8. On écrit une ... à ses amis.
9. On met beaucoup de choses dans un ...
10. On écrit avec un ...
11. Le prof et les élèves sont dans la ...
12. C`est un texte qui rime souvent.

1. d
2. a
3. n
4. s
5. l
6. a
7. c
8. l
9. a
10. s
11. s
12. e

Lösungswort: _ _ _ _ _ _ _ _ _ _

Kreuzworträtsel Französisch   1. bis 2. Lernjahr   –   Bestell-Nr. 11 628

KOHL VERLAG

## 2 les moyens de transport

| | | |
|---|---|---|
| **1.** zu Fuß (à ...) | **7.** | Motorrad |
| **2.** Metro | **8.** | Zug |
| **3.** Flugzeug | **9.** | Bus |
| **4.** Auto | **10.** | Straßenbahn |
| **5.** Fahrrad | **11.** | Schiff |
| **6.** Mofa | **12.** | besichtigen |

Lösungswort: **C** _ _ _ _ _ _ _ _ _

KOHL VERLAG    Kreuzworträtsel Französisch    1. bis 2. Lernjahr  –  Bestell-Nr. 11 628

1. Arzt
2. Händlerin
3. Krankenschwester
4. Bäcker
5. Fußballer
6. Fahrer
7. Lebensmittelhändler
8. Buchhalter
9. Polizist
10. Händler
11. Lehrer
12. Metzger

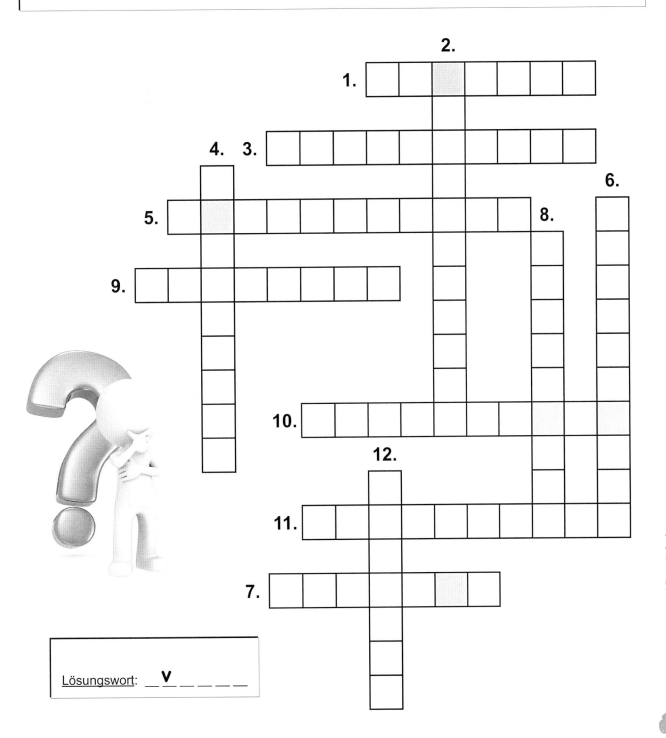

Lösungswort: __ **v** __ __ __ __ __

Kreuzworträtsel Französisch
1. bis 2. Lernjahr – Bestell-Nr. 11 628
KOHL VERLAG

# 4 les personnes

1. Eltern
2. Freundin
3. Mädchen
4. Frau
5. Herr
6. Freund/Kamerad
7. Freund
8. Kinder
9. Bruder
10. Vater
11. Schwester
12. Nachbar
13. Mutter
14. Junge
15. Freund
16. Schüler
17. Freundin
18. Meister (in einem Wettkampf)

Lösungswort: _ _ _ _ _ _ _ _

# 5 | les bâtiments

1. Café
2. Schule
3. Haus
4. Gebäude, Wohnhaus
5. Geschäft
6. Supermarkt
7. Krankenhaus
8. Hotel
9. Turm

2.

3.    4.    1.

5.

7.

6.

9.

8.

Lösungswort: _ _ _ _ _ _ _

Kreuzworträtsel Französisch
1. bis 2. Lernjahr  —  Bestell-Nr. 11 628
KOHLVERLAG

# 6 · habiter

1. Il fait froid. Ferme la ...
2. Il aime jouer avec son ...
3. Je regarde la ... tous les jours.
4. Devant le café, il y a une ...
5. On prépare les repas dans la ...
6. L´endroit où on habite est plus petit qu´une maison.
7. À 21 heures, les enfants vont au ...
8. C'est une grande maison pour beaucoup de familles.
9. Il n'est pas dans la maison, il est dans la ...
10. J'habite au premier ...
11. Dans le ... il y a des arbres.
12. On pose quelque chose sur une ...
13. La ville de Paris est divisée en ...
14. Derrière la maison se trouve la ...
15. Ouvre la ..., c'est ton père.
16. C'est pour une grande famille avec des enfants.
17. Il n'est pas dans la cuisine, il est dans sa ...

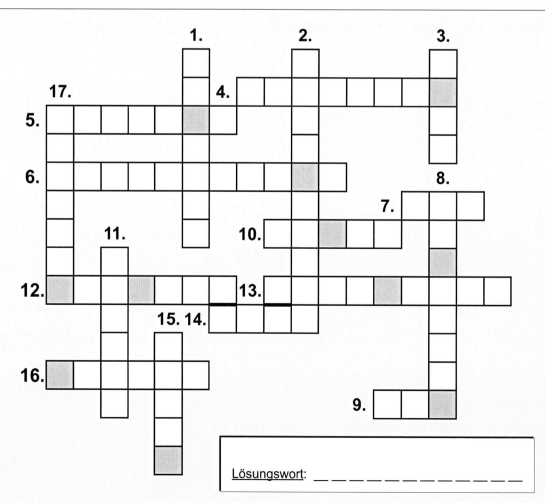

Lösungswort: _ _ _ _ _ _ _ _ _ _ _ _ _ _ _ _ _

# 7 | Qu´est-ce qu´on peut faire?

1. On peut ... un mot.
2. On peut ... un film.
3. On peut ... la radio.
4. On peut ... une réponse.
5. On peut ... une question.
6. On peut ... un anniversaire.
7. On peut ... un exercice.
8. On peut ... une histoire.
9. On peut ... à la maison.
10. On peut ... une scène.
11. On peut ... dans une maison.
12. On peut ... un repas.

Lösungswort: _ _ _ _´_ _ _ _ _
(with a ˅ mark above the position)

Kreuzworträtsel Französisch 1. bis 2. Lernjahr – Bestell-Nr. 11 628

KOHL VERLAG

1. Il commence à faire froid.
2. Le dernier jour de classe avant le weekend.
3. Le premier jour du weekend.
4. Il fait chaud.
5. Deux jours après le weekend.
6. Le dernier mois de l´année.
7. Un mois qui ne dure pas longtemps.
8. Ce jour la plupart des gens ne travaillent pas.
9. Le premier jour de la semaine.
10. Le premier mois de l´année.
11. Le jour commence par un "j".
12. Il nous reste deux jours jusqu´au weekend.

FÉVRIER
14

Lösungswort: __ __ __ __ __ __

Kreuzworträtsel Französisch 1. bis 2. Lernjahr – Bestell-Nr. 11 628
KOHL VERLAG

# 9 jouer

1. Gitarre spielen = jouer de la...
2. Trompete spielen = jouer de la...
3. Geige spielen = jouer du...
4. Schlagzeug spielen = jouer de la...
5. Fußball spielen = jouer au...
6. Akkordeon spielen = jouer de l'...
7. Tennis spielen = jouer au...
8. Würfelspiel spielen = jouer aux...
9. Schach spielen = jouer aux...
10. Karten spielen = jouer aux...
11. Klavier spielen = jouer du...
12. Flöte spielen = jouer de la...

Lösungswort: _ _ _ _ _ _ u _ _ _ _ _ _

Kreuzworträtsel Französisch 1. bis 2. Lernjahr – Bestell-Nr. 11 628

KOHL VERLAG

# 10 la nourriture

1. Obstkuchen
2. Banane
3. Artischoke
4. Gemüse
5. (franz.) Weißbrot
6. Orange
7. Erdbeere
8. Karotte
9. Apfel
10. Lutscher
11. Zitrone
12. Birne
13. Tomate

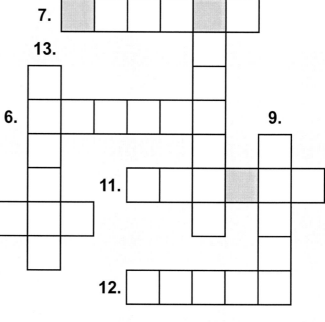

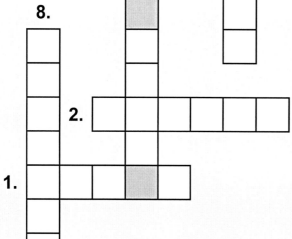

Lösungswort: _ _ _ _ _ _ _ _

Kreuzworträtsel Französisch   1. bis 2. Lernjahr   –   Bestell-Nr. 11 628

KOHL VERLAG

# 11   mettre la table

| | | | |
|---|---|---|---|
| 1. | Serviette | 11. | Messer |
| 2. | abwaschen = faire la ... | 12. | Käse |
| 3. | den Tisch decken = ..... la table | 13. | Salat |
| 4. | Karaffe | 14. | Gang *(in der Speisefolge)* |
| 5. | Flasche | 15. | Vorspeise |
| 6. | Teller | 16. | Menü |
| 7. | Löffel | 17. | Glas |
| 8. | Butter | 18. | Brot |
| 9. | Nachtisch | 19. | Wein |
| 10. | Gabel | | |

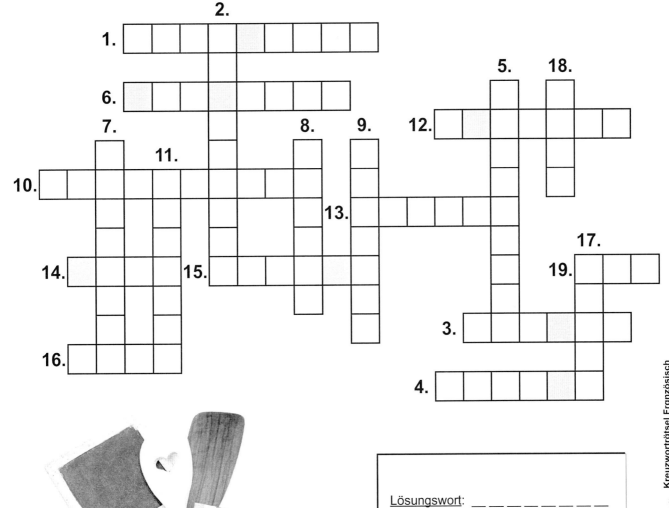

Lösungswort: _ _ _ _ _ _ _ _ _ _

Kreuzworträtsel Französisch   1. bis 2. Lernjahr   –   Bestell-Nr. 11 628

KOHL VERLAG

## 12  le caractère/ le physique de quelqu´un

1. Une personne qui ne veut pas parler aux autres est ...

2. Le nom pour quelqu´un qui est très gentil:

3. Quelqu´un qui ne veut pas travailler est ...

4. Elle n´est pas grande.

5. Quelqu´un qui sait beaucoup de choses est ...

6. Quelqu´un qui raconte beaucoup d´histoires amusantes est ...

7. En Allemagne on raconte beaucoup de blagues *(Witze)* sur les femmes aux cheveux ... .

8. Quelqu´un qui n´est pas beau:

9. Une personne qui ne fait rien et qui passe son temps devant la télé est ...

10. Une personne qui fait du mal aux autres est ...

11. Elle n´a pas les cheveux longs, elle a les cheveux…

12. Quelqu´un qui mange beaucoup est souvent ...

Lösungswort: _ _ _ _ _ _ _

Kreuzworträtsel Französisch   1. bis 2. Lernjahr   –   Bestell-Nr. 11 628

KOHL VERLAG

# 13  à la ferme

| | | | |
|---|---|---|---|
| 1. | Kuh | 9. | Maschine |
| 2. | Pferde | 10. | Schaf |
| 3. | Huhn | 11. | Katze |
| 4. | Kalb | 12. | Dorf |
| 5. | Schwein | 13. | Hahn |
| 6. | Traktor | 14. | Maus |
| 7. | Felder | 15. | Pferd |
| 8. | Bauernhof | 16. | Hund |

Lösungswort: _ _ _ _ _ _ _ _

Kreuzworträtsel Französisch
1. bis 2. Lernjahr  —  Bestell-Nr. 11 628

KOHL VERLAG

# 14 antonymes 1

1. chaud ⇔ ...
2. détester ⇔ ...
3. jeune ⇔ ...
4. bon ⇔ ...
5. arriver ⇔ ...
6. sur ⇔ ...
7. détruire ⇔ ...

8. entrer ⇔ ...
9. début ⇔ ...
10. jour ⇔ ...
11. silence ⇔ ...
12. gai ⇔ ...
13. descendre ⇔ ...
14. bon marché ⇔ ...

Lösungswort: _ _ _ _ _ _ _ _ _ _ _

Kreuzworträtsel Französisch 1. bis 2. Lernjahr – Bestell-Nr. 11 628

KOHL VERLAG

## 15 les vêtements

| | | | |
|---|---|---|---|
| **1.** | Bluse | **8.** | Jacke, Blouson |
| **2.** | Kleid | **9.** | Pullover, Pulli |
| **3.** | (lange) Hose | **10.** | Anorak |
| **4.** | Strumpf | **11.** | Schuh |
| **5.** | Stoff, Gewebe | **12.** | Hut |
| **6.** | Hemd | **13.** | Unterhose |
| **7.** | Rock | **14.** | Schal |

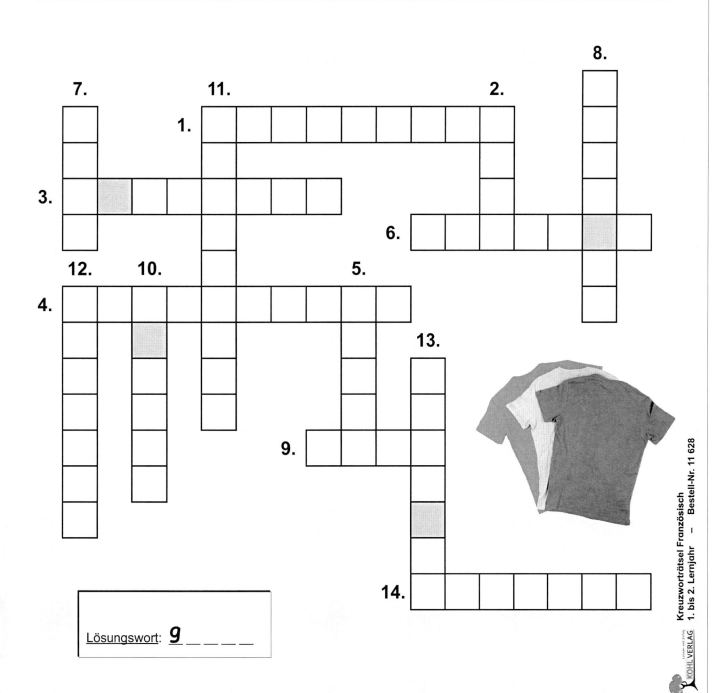

Lösungswort: **9** _ _ _ _

Kreuzworträtsel Französisch 1. bis 2. Lernjahr – Bestell-Nr. 11 628

KOHL VERLAG

# 16 le travail

1. Cette personne écrit des articles.
2. Cette personne écrit des poèmes.
3. Une personne qui construit des choses s´appelle...
4. Une personne qui danse s´appelle...
5. Cette personne fait des études...
6. Cette personne travaille avec un ordinateur...
7. Cette personne fait des interviews.
8. Cette personne montre des lieus aux touristes:
9. Quelqu'un qui chante des chansons:
10. Quand on est malade il faut appeler le…

Lösungswort: _ _ _ _ _ _ _ _ _ _ _ _

Kreuzworträtsel Französisch
1. bis 2. Lernjahr  –  Bestell-Nr. 11 628

KOHL VERLAG

# 17 en vacances

1. Je vais dans le parc. Je veux me … .
2. Il fait chaud et le soleil brille. Je me … .
3. Sur la mer, on peut faire de la … .
4. Il fait beau. On est au bord de la mer, on se … .
5. Quant il fait chaud, on peut manger une … .
6. On est au bord de la mer. Nous allons à la … .
7. En hiver il y a les vacances de … .
8. Pendant les vacances, on peut mettre les tentes sur le terrain de … .
9. Pendant les vacances, on peut faire des … au bord de la mer.
10. Sur une planche, on peut faire du … .

Lösungswort: _ _ _ _ _ _ _

Kreuzworträtsel Französisch
1. bis 2. Lernjahr  –  Bestell-Nr. 11 628
KOHL VERLAG

# 18 antonymes 2

1. tard ⇔ ...
2. gai ⇔ ...
3. équilibré ⇔ ...
4. se coucher ⇔ se ...
5. coq ⇔ ...
6. Ce n'est rien. ⇔ C'est ...
7. noir ⇔ ...
8. joli ⇔ ...
9. long ⇔ ...
10. femme ⇔ ...
11. hiver ⇔ ...
12. Au football il y a le championnat d'Europe et le championnat du ...
13. fille ⇔ ...

Lösungswort: __ Y __ __ __ __ Y __ __

Kreuzworträtsel Französisch 1. bis 2. Lernjahr – Bestell-Nr. 11 628
KOHL VERLAG

1. ... dans un arbre
2. avoir le ... de faire qc
3. Je ne veux plus parler. = Je laisse la ... à Pierre.
4. Je ne suis pas de ton ... .
5. La voiture ne peut pas passer. Elle est en train de ... les autres.
6. Qu´est-ce qu´on fait? = Qu´est-ce que tu me ... ?
7. Il m´a tout expliqué = J´ai ... .
8. Je n´aime pas ce pull. Il ne me ... pas.
9. Il a ... au coeur.
10. J´ai eu une bonne note en français. = Je suis ... .

Lösungswort: _ _ _ _ _ _ _ _ _ _ _ _ _

Kreuzworträtsel Französisch
1. bis 2. Lernjahr – Bestell-Nr. 11 628

KOHL VERLAG

# 20 le passé composé

1. courir ⇨ j´ai ...
2. recevoir ⇨ j´ai ...
3. rire ⇨ j´ai ...
4. finir ⇨ j´ai ...
5. choisir ⇨ j´ai ...
6. connaître ⇨ j´ai ...
7. offrir ⇨ j´ai ...
8. croire ⇨ j´ai ...
9. boire ⇨ j´ai ...
10. dormir ⇨ j´ai ...

11. réfléchir ⇨ j´ai ...
12. sentir ⇨ j´ai ...
13. plaire ⇨ j´ai ...
14. venir ⇨ je suis ...
15. être ⇨ j´ai ...
16. avoir ⇨ j´ai ...
17. s´inquiéter ⇨ je me suis ...
18. apprendre ⇨ j´ai ...
19. conduire ⇨ j´ai ...

Lösungswort: _ _ _ _ _ _ _

KOHL VERLAG   Kreuzworträtsel Französisch   1. bis 2. Lernjahr   –   Bestell-Nr. 11 628

# 21 les outils scolaires

| | | | | |
|---|---|---|---|---|
| **1.** Kleber | | **8.** Mäppchen | | |
| **2.** Schere | | **9.** Tafel | | |
| **3.** Heft | | **10.** Zirkel | | |
| **4.** Füller | | **11.** Buch | | |
| **5.** Bleistift | | **12.** Stuhl | | |
| **6.** Radiergummi | | **13.** Tisch | | |
| **7.** Schulranzen | | **14.** Kreide | | |

Lösungswort: __ **è** __ __ __ __

Kreuzworträtsel Französisch 1. bis 2. Lernjahr — Bestell-Nr. 11 628

KOHL VERLAG

1. On appelle cet animal le *roi des animaux*.
2. Cet animal se déplace très lentement.
3. Cet animal nous donne du lait.
4. Cet animal chasse les souris.
5. Cet animal a un cou qui est très long.
6. L'animal qu'on recherche vole la nuit et vit dans la fôret.
7. L'animal le plus grand qui vit dans la mer.
8. L'animal le plus grand qui vit sur la terre.
9. Cet animal se déplace en sautant.
10. Cet animal hurle souvent la nuit.

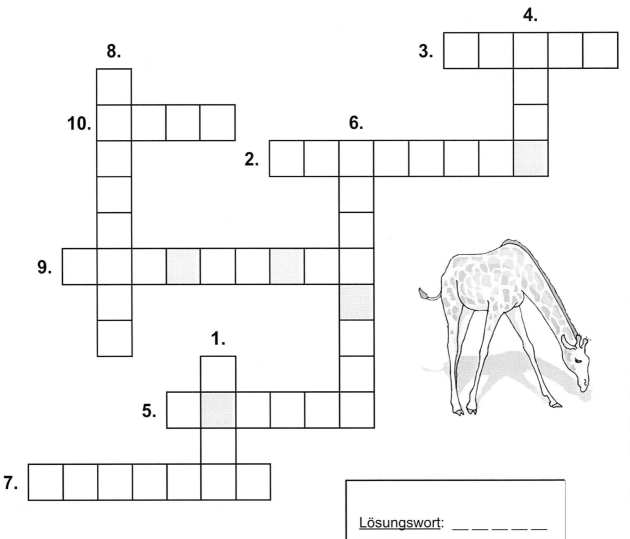

Lösungswort: _ _ _ _ _

Kreuzworträtsel Französisch 1. bis 2. Lernjahr – Bestell-Nr. 11 628

KOHL VERLAG

# 23 solutions

## 1 dans la classe

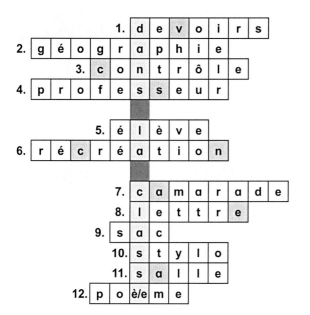

1. d e **v** o i r s
2. g é o g r a p h i e
3. **c** o n t r ô l e
4. p r o f e **s** s e u r
5. é l è v e
6. r é **c** r é a t i o **n**
7. **c** a m a r a d e
8. l e t t r **e**
9. s **a** c
10. s t y l o
11. s **a** l l e
12. p o **è/e** m e

Lösungswort: vacances

## 2 les moyens de transport

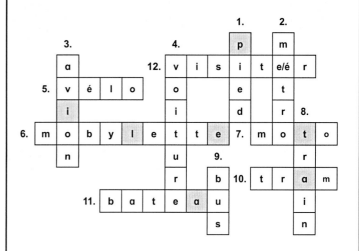

1. **p**
2. m
3. a
12. v i s i t e/é r
5. v é l o
o  e  t
**i**  i  d  r  8.
6. m o b y **l** e t t **e**  7. m o **t** o
n  u  9.  r
r  b  10. t r **a** m
11. b a t e **a** u s  i
s  n

Lösungswort: capitale

## 3 les métiers

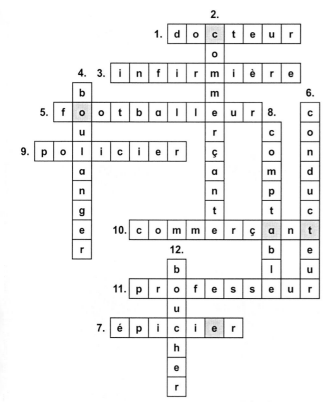

2.
1. d o **c** t e u r
o
4. 3. i n f i r m i è r e
b  m  6.
5. f **o** o t b a l l e u r 8.  c
u  r  c  o
9. p o l i c i e r  ç  o  n
a  a  m  d
n  n  p  u
g  t  t  c
e  10. c o m m e r ç **a** n **t**
r  12.  b  e
b  l  u
11. p r o f e s s e u r
u  r
7. é p i c i e r
h
e
r

Lösungswort: avocat

## 4 les personnes

3.
2.
f  c
5.  6.  o
**i** 4. m a d a m e  c  p
l  o  c  i
l  n  a  7.  n
8. e n f a n t s  18. **c** h a m p i o n
r  i  o  10.  e
11. s **o** e/è u r  12. a  p  p
r  15. **u** v i  a  è
e 14. g a r ç o n  d  r  13.
m  i  16. e/é l **è/e** v e/è
i  s  1. p a r e n t s
17. a m i e
n

Lösungswort: cousine

Kreuzworträtsel Französisch
1. bis 2. Lernjahr – Bestell-Nr. 11 628
KOHL VERLAG

### 5 les bâtiments

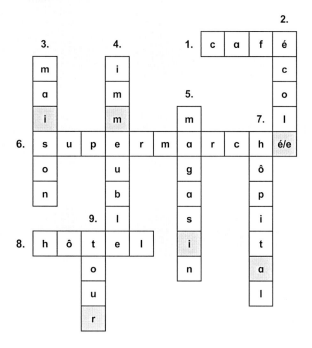

Lösungswort: mairie

### 6 habiter

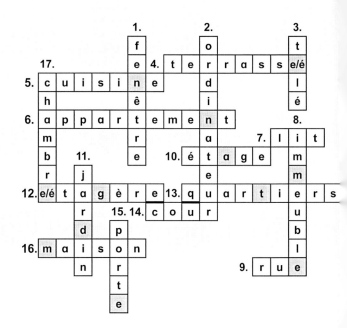

Lösungswort: déménagement

### 7 Qu'est-ce qu'on peut faire?

Lösungswort: activités

### 8 les jours de la semaine et les mois

Lösungswort: année

Kreuzworträtsel Französisch 1. bis 2. Lernjahr – Bestell-Nr. 11 628

KOHL VERLAG

# 23 solutions

## 9 jouer

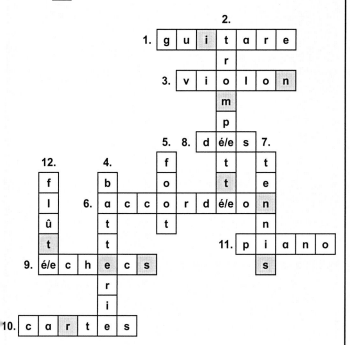

Lösungswort: instruments

## 10 la nourriture

Lösungswort: fruits

## 11 mettre la table

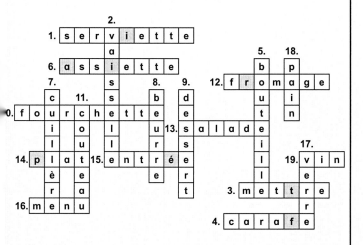

Lösungswort: apéritif

## 12 le caractère/ le physique de quelqu´un

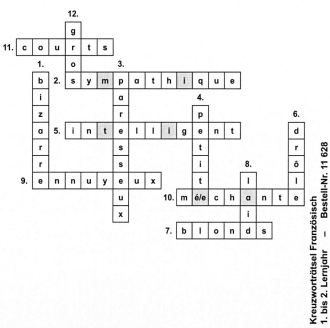

Lösungswort: amitié

Kreuzworträtsel Französisch
1. bis 2. Lernjahr   –   Bestell-Nr. 11 628

KOHL VERLAG

# 23 solutions

## 13 à la ferme

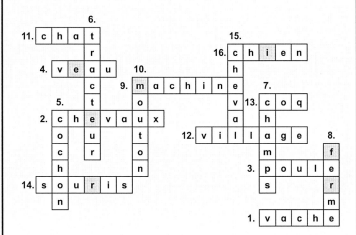

## 14 antonymes 1

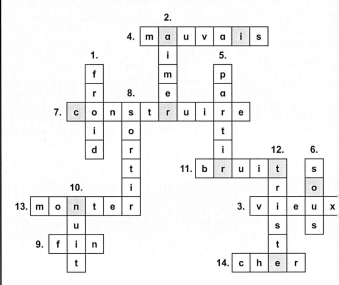

## 15 les vêtements

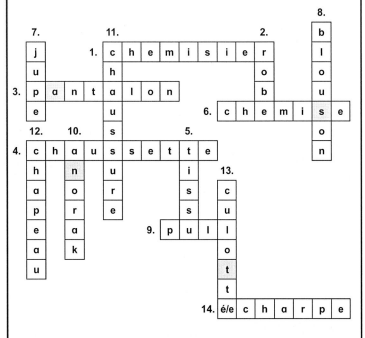

## 16 le travail

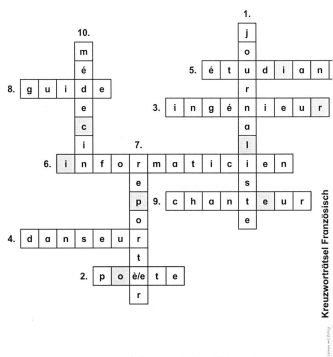

Kreuzworträtsel Französisch

## 17 en vacances

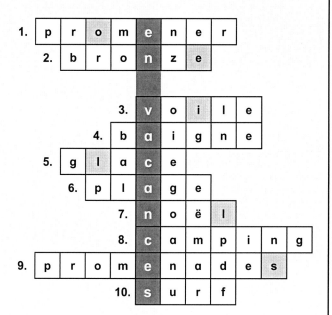

1. p r o m e n e r
2. b r o n z e
3. v o i l e
4. b a i g n e
5. g l a c e
6. p l a g e
7. n o ë l
8. c a m p i n g
9. p r o m e n a d e s
10. s u r f

Lösungswort: soleil

## 18 antonymes 2

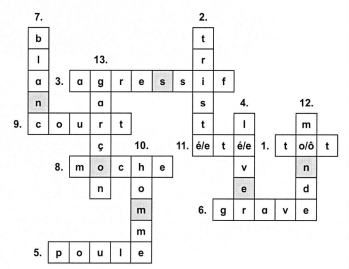

7. b l a n
2. t r s t
13. 3. a g r e s s i f
9. c o u r t
ç
8. m o c h e
n o
m
m
4. l
11. é/e t é/e
v
e
12. 1. t o/ô t
n
d
6. g r a v e
5. p o u l e

Lösungswort: synonyme

## 19 expressions

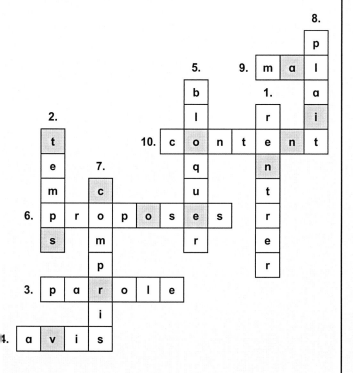

8. p
9. m a l
5. 1. a
b r i
10. c o n t e n t
2. l n
t e m t
7. c q r
6. p r o p o s e s u e
s m r
p
3. p a r o l e
i
4. a v i s

Lösungswort: conversation

## 20 le passé composé

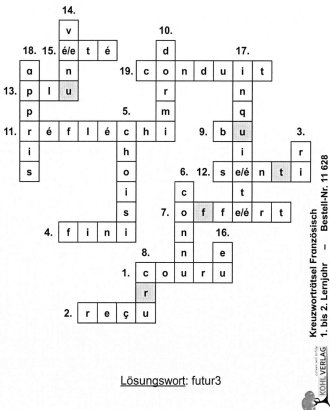

14. v
10. d
18. 15. é/e t é
13. p l u
11. r é f l é c h i
19. c o n d u i t
a n r n
u r q
5. m
9. b u
3. r
i h i
s o 6. 12. s e/é n t i
i c t
s 7. o f f e/é r t
4. f i n i n 16.
8. n e
1. c o u r u
r
2. r e ç u

Lösungswort: futur3

Kreuzworträtsel Französisch
1. bis 2. Lernjahr – Bestell-Nr. 11 628

KOHL VERLAG

# 23 solutions

## 21 les outils scolaires

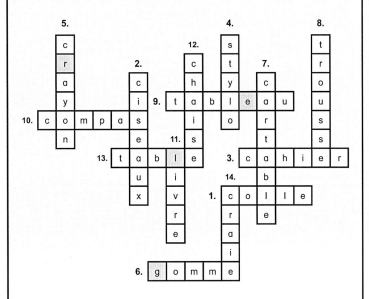

Lösungswort: règle

## 22 les animaux

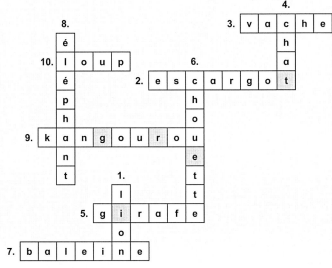

Lösungswort: tigre